Aufgewachsen in der DDR

Wir SIND DIE KINDER DER 50er 60er

Impressum

Bildnachweis:

Titel: Ullstein-Gert Kreuschmann: o. li; Ullstein-Leber: o. re, u. li; Ullstein-ddrbildarchiv/Morgenstern: u. re. Ullstein: S. 3, 4 li, 6 u, 7 re, 14 re, 23, 39 li, 44 re; Dieter Funke: S. 4 li; Stadtarchiv Schwerin S. 5, 13 (2), 24, 26 (2), 66; Ulrich Grunert: S. 9, 10 u, 14 li, 17 re, 18 o, 19 u, 21 o, 22 u, 25, 27-29, 33-34, 35, 38 (2), 41, 42 43 li, 44 o, u. li, 45 u., re, 48 li, 50, 51, 53 (2), 54 li, 57re, 58 (2), 59 li, 60, 61 (2), 63re, 65 o re, 67, 68 (2), 70 u, 71 re; Harry Mörtel: S. 6 o; Karin Kopp: S. 7 li; Ullstein-ddrbildarchiv/Morgenstein: S. 8, 36; Martina Güldemann: S. 10 o, 12, 18 u. li, 52; Ullstein-dpa: S. 11; Ullstein-Lehnartz: S. 15; Ullstein-Franz Kräft: S. 16; ullstein-bpk/Will McBride: S. 17 li; Hannelore Jungfer: S. 18 u. re; Ullstein-Herbert Maschke: S. 19 o; Ullstein-DHM/Schwarzer: S. 20, 22 o, 64; Helga Wagner: s. 21 o re, 54 re, 55 re, 65 u.li; Stadtarchiv Kahla/ Bernd Leube: S. 21; Christa Müller: S. 28; Ullstein-Uhlenhut: S. 31; Ullstein-KPA: S. 32; Dietmar Sehn: S. 37, 40 li, 62, 65 o; Heimatstube Gatersleben S 39 re, S. 40 re; Ullstein-Gardi: S. 43 re; Ullstein-Winkler: S. 45 o; Ullstein-AP: S. 46; Ullstein-ADN: S. 47 o; Ullstein-Hilde: S, 47 u; Ullstein-Heritage Images/Fine Art Images: S. 48 li; Ullstein-Popper ltd.: S. 49 li; Ullstein-Hertage images/Fihne Art Imageo: S. 55 li; Friedhelm Wienhöft S. 57 links; Wolfgang Kubiet: S. 63; Ullstein-Leber: S. 69; Matthias Pasch: S. 70 o, 71 li

Der Autor dankt dem Landesarchiv Mecklenburg-Vorpommern, der Landesbibliothek Mecklenburg-Vorpommern und dem Stadtarchiv Schwerin für die großzügige Hilfe bei der Recherche. Ein besonderer Dank gilt der Zeitschrift MELODIE & RHYTHMUS (www.melodieundrhythmus.com) für die Gewährung des Abdrucks der Cover auf den Seiten 33 und 34.

1. Auflage 2014

Gestaltung und Satz: r2 | Ravenstein, Verden
Druck: Bernecker Media Ware AG, Melsungen
Buchbinderische Verarbeitung: Buchbinderei S. R. Büge, Celle

34281 Gudensberg-Gleichen • Im Wiesental 1
Telefon: 056 03/9 30 50 • www.wartberg-verlag.de
ISBN: 978-3-8313-2482-8

Unsere Aufbaujahre

So sah sie aus, die Welt, in die wir hineingeboren wurden. Auch wenn wir noch zu klein waren, um uns später an zerstörte Stadtlandschaften zu erinnern – unsere Eltern und Großeltern hörten wir noch lange davon erzählen, was die Luftangriffe der Alliierten angerichtet hatten. Vergleichbare Bilder – wie hier am Landwehrkanal in Berlin-Charlottenburg – sah man fünf Jahre nach Kriegsende noch in vielen deutschen Städten.

Noch herrschte in den Läden überwiegend Ebbe in den Regalen. Wir Kinder versuchten, einen eigenen Beitrag zum Familieneinkommen zu leisten. Ob Kirschen klauen oder Stoppeln gehen – unser Beitrag für die familiäre Versorgung war gefragt und nicht etwa unwichtig.

Wer genügend Platz hatte, hielt sich ein paar Hühner oder Kaninchen zur Selbstversorgung. Wer eine Ziege oder eine Kuh sein Eigen nennen konnte, war noch besser dran, denn dann wurde Quark und Käse für den Hausgebrauch hergestellt.

So ließ es sich aushalten! Wer im Norden der Republik lebte, hatte das Meer oder den See, wie hier im Bild, direkt vor der Nase und genoss den Strand.

Obwohl nicht wenige Eltern etwas gegen die neue Jugendorganisation FDJ (Freie Deutsche Jugend) hatten, war der FDJ-Nachmittag bei uns ein beliebter Treff, um Jungen oder Mädchen kennenzulernen. Unter dem blauen Banner bahnte sich manche Liebe und spätere Ehe an.

In Sachen Einkaufen war Einfallsreichtum angesagt. Da konnte sogar aus Ruinen ein florierender Zigarettenhandel entstehen. Käuferinnen und Käufer gab es genug. Nicht nur Raucher waren interessiert, Zigarren und Zigaretten waren beliebte Tauschobjekte, die oft für Brot und Kartoffeln eingetauscht wurden.

Wir Kinder liebten die Tiere, insbesondere wenn sie kleiner waren als wir und streichelzahm daherkamen. Im Sommer sammelten wir in der Nachbarschaft Futter für das Kaninchen. Und waren traurig wenn es hieß: An Papas Geburtstag gibt's Kaninchenbraten.

7. Oktober 1949

Gründung der Deutschen Demokratischen Republik. Vier Tage darauf wird Wilhelm Pieck zum ersten (und einzigen) Präsidenten der DDR gewählt.

Wilhelm Pieck (1876–1960) war der einzige Präsident der DDR.

Unsere Eltern

Immer schön vorsichtig beim Straße überqueren! Während junge Mütter und Väter ihrer Arbeit nachgingen, wurden wir Kleinkinder in der Kinderkrippe betreut. Bereits ab 1946 wurde in Ostdeutschland eine dreijährige Ausbildung für Kindergärtnerinnen eingeführt.

In den 50er-Jahren rangierte der Kinderwunsch weit vor Konsum-Träumen. Kinder waren die Zukunft und viele junge Familien wünschten sich sehr ein Baby. Stellte sich der Nachwuchs dann ein, war die erste Frage: Wo kriegen wir nur einen Kinderwagen und ein Kinderbett her? Besonders die Anschaffung eines fahrtüchtigen fahrbaren Untersatzes war oft schwierig.

15. April 1950

Ab sofort wird in der Schule jedem Kind eine warme Mahlzeit pro Tag angeboten. Zumeist kann das Mittagessen nicht in der Schule gekocht werden und die warme Mahlzeit wird in Kübeln angeliefert. Die Lehrer bestimmen am Ende, welches Kind den Kübel auskratzen darf. Das ist ein echtes Privileg. Die Schulspeisung veränderte sich zwar über die Jahrzehnte, war aber bis zur Wende in der DDR gebräuchlich. Die Qualität des Essens, na ja …

Da die Kinderwagen-Produktion bei Zekiwa Zeitz bei Weitem nicht dem Bedarf entsprach, mussten viele Babys mit einem gebrauchten Wagen vorliebnehmen. Die Väter legten selbst Hand an, schraubten Schutzblech und Zierleisten an. Nur die Federung war schwer zu verbessern.

Wenn wir brav waren, durften wir unsere kleinen Geschwister unter Aufsicht im Kinderwagen spazieren fahren oder an der frischen Luft in den Schlaf wiegen. Das hat Spaß gemacht. Wir waren stolz auf die uns übertragene Verantwortung.

Während sich die Eltern und Großeltern um das Neugeborene kümmerten, hatten die älteren Geschwister in den Anfangsjahren der DDR oft ihre Mühe damit, etwas gegen ihren ständigen Hunger zu tun. Für viele war die warme Mahlzeit während der Schulspeisung die einzige Gelegenheit des Tages, sich richtig satt zu essen.

Von der Wohnungsnot zum Plattenbau

Heizmaterial für den guten alten Kachelofen waren Briketts. Sie bestanden aus gepresster schwarzer Braunkohle, die im Wagen angeliefert wurden und vor der Haustür abgeladen wurden. Eimer für Eimer oder Korb für Korb schleppten wir mit unseren Eltern die schwarzen Quader in den Keller.

In der Küche war es warm und gemütlich, es roch nach gutem Essen. Nichts war schöner, als nach Hause zu kommen und die kalten Hände und Füße am Grude-Herd zu wärmen.

Sport und Tanz wurden in Schule und Freizeit großgeschrieben. Die Aktivitäten spielten sich direkt auf der Straße oder auf dem Schulhof ab. In den Wohnungen war einfach zu wenig Platz. Noch Jahre nach Kriegsende waren die Familien gezwungen, enger zusammenzurücken.

Ein eigenes Kinderzimmer? Pusteku-
chen! Brauchten wir auch nicht,
zumindest solange wir klein waren.
Ein Teddy zum Schmusen fand sich
immer und eine Ecke zum Spielen auch.

Bis Ende der 50er-Jahre lebten viele
der Flüchtlinge und Vertriebenen
als Untermieter in einem Zimmer.
Ein separates Zimmer war selbst
für frisch verheiratete Ehepaare
oft nur ein Wunschtraum.

Ein umfangreiches Wohnungsbauprogramm sollte die Wohnungsnot bekämpfen. So entstanden an der Frankfurter Allee in Ostberlin zahlreiche große Neubauten, historische Gebäude mussten weichen.

5. August 1951

Beginn der ersten Weltfestspiele der Jugend und Studenten im deutschsprachigen Raum, in Ost-Berlin unter dem Motto „Für Frieden und Freundschaft – gegen Atomwaffen". Die Polizei in Westberlin versucht westdeutsche Jugendliche von der Einreise und Teilnahme abzuhalten und ist dabei nicht zimperlich. Die FDJ war in Westdeutschland verboten.

Kinderleicht

Zum Fasching schafften es unsere Mütter immer wieder, uns mit einfachen Mitteln zu kostümieren.

Der Rollerwettbewerb würde gleich stattfinden, das gute Stück ist mit Wimpeln geschmückt. Das rote Fähnchen steht für die Internationale Arbeiterbewegung, die DDR-Fahne ist noch ohne Emblem.

1. Januar 1952

Das NWDR-Versuchsprogramm bringt sechs Stunden Fernsehen pro Woche in westdeutsche Wohnzimmer. Im Osten ist noch Sendepause. Da startet das zweistündige Programm erst am 21. Dezember anlässlich Stalins 74. Geburtstag. Das Programm steht in der Zeitschrift „Unser Rundfunk".

Der wilde, wilde Westen war groß in Mode und lag oft nur wenige Meter von der elterlichen Wohnung entfernt. Die beliebten Western-Filme bekam in der DDR niemand zu sehen, aber Cowboy-Schmöker aus Westdeutschland gingen von Hand zu Hand und wurden im Osten regelrecht verschlungen. Jeder Junge träumte davon, einmal im Leben ein Cowboy zu sein.

Die Grundausstattung für unsere Kinderspiele war gebraucht, das machte aber nichts: Mit Dreirad, Roller, Schubkarre und Puppenwagen war ja fast alles möglich.

1951 galt das Blauhemd der FDJ noch nicht als uncool. Es war anfangs das Symbol der neuen Zeit, repräsentierte Frieden und Fortschritt und wurde besonders von jungen Mädchen gern getragen.

Bis in die 50er-Jahre spielten wir zwischen Trümmern, was für uns sehr aufregend war, aber auch gefährlich. Der Wiederaufbau der zerstörten Städte sollte noch bis in die 60er-Jahre dauern.

Kälte schreckte uns nicht, Hauptsache, es lag Schnee. Auf geht's zur Schlittenfahrt!

Arbeit für alle

Viele Eltern hatten die Bevormundung satt und gingen heimlich über die Zonengrenze in den Westen. Das war nicht ungefährlich, aber in den 50er-Jahren noch möglich. Bald wurden Arbeitskräfte in den Dörfern knapp. Der Unterricht in der LPG sollte für Nachwuchs sorgen. Neubauern machten mit der Kollektivierung in der Regel gute Erfahrungen. Gemeinsam schafften sie mehr als als Einzelpersonen.

Ausbildungsplätze in der Landwirtschaft waren bei der Mehrheit der DDR-Jugend unbeliebt. Der Staat versuchte diesem Trend mit Werbung an den Litfaßsäulen entgegenzuwirken.

Hausarbeit für arbeitstätige Mütter war hart. Der Zeitaufwand war groß, denn technische Hilfsmittel wie Waschmaschine, Kühlschrank und Staubsauger gehörten noch lange nicht zur Standardausstattung eines Haushalts.

Stalin in der Mitte, das war bei uns so Sitte.
Die Propaganda an öffentlichen Gebäuden richtete sich nach sowjetischem Vorbild.

Die chemische Industrie der DDR sollte zum strukturbestimmenden Industriezweig entwickelt werden. Für die Produktion moderner Kunststoffe und synthetischer Fasern auf Erdölbasis wurden zahlreiche gut ausgebildete Facharbeiterinnen gebraucht. Nur folgerichtig wurde der Chemie-Unterricht in den Schulen forciert.

Väter hatten neben der täglichen Arbeit im Betrieb viele andere Verpflichtungen. Ob auf dem Sportplatz oder in der Freiwilligen Feuerwehr, es gab genug zu tun.

Die Führung der DDR wollte im Osten, ganz nach dem Vorbild der Sowjetunion, den Aufbau des Sozialismus durchsetzen. Das galt neben Industrie und Handwerk auch für die Landwirtschaft. Wer nicht freiwillig mitmachte, wurde unter Druck gesetzt bis hin zur Enteignung.

8. Juli 1952

Auf der II. SED-Parteikonferenz im Juli 1952 verkündet Walter Ulbricht eine Verwaltungsreform, die den sozialistischen Wettbewerb entfalten solle. Eine besondere Förderung sollte in den Folgejahren die Schwerindustrie erhalten. Außerdem wird der Umbau der Kasernierten Volkspolizei zur Nationalen Volksarmee angekündigt.

Gut behütet in die Schule

In dem ersten Jahrzehnt nach dem Ende des Zweiten Weltkrieges gab es viele Kinder, die durch Krieg und Vertreibung ihre Eltern verloren hatten. Manche fanden gar keine Verwandten mehr, die sie aufnehmen konnten. Diese Kinder wurden in staatlichen und kirchlichen Kinderheimen untergebracht und betreut, wie hier in Schwerin.

Die Zuckertüte lockte nicht nur ABC-Schützen. Mitunter wollten kleine, nervige Brüder unbedingt eine gleichgroße Schultüte haben.

23. April 1957

Friedensnobelpreisträger Albert Schweitzer appelliert an die Regierenden und Völker der Welt, der atomaren Bedrohung und dem Wettrüsten ein Ende zu setzen. In dem von Radio Oslo ausgestrahlten Appell an die Menschheit, der von mehr als 100 Sendern in aller Welt übernommen wurde, warnte Schweitzer die Menschen eindringlich vor den Gefahren der radioaktiven Strahlung.

Nachdem wir lesen konnten, freuten wir uns über die Kinderzeitschrift BUMMI, deren erste Ausgabe 1957 erschien. Bummi bot Geschichten für kleine und große Leute. Wer Spannung und Action liebte, las lieber Atze oder das Mosaik. Besonders das Mosaik-Heft mit den beliebten Abenteuern der Helden Dig, Dag und Digedag war schwer zu bekommen.

Wir kommen in die Schule! An die Aufregungen vor unserem ersten Schulweg erinnern wir uns alle gern. Die große Pause auf dem Schulhof war eine ganz eigene Welt, mit bis dahin nie geahnten Nischen und Möglichkeiten.

Besonders am Anfang war es nicht einfach, sich an den streng geregelten Schulalltag zu gewöhnen. Umso mehr freuten wir uns auf die schulfreien Sonntage. Besonderer Höhepunkt Kaffee und Kuchen in Nachbars Garten.

Da es zu wenige männliche Arbeitskräfte gab, wurden Mütter umworben, berufstätig zu werden. Doch wer sollte sich um die Kinder kümmern? Betriebe gründeten eigene Kindergärten und Städte und Gemeinden bauten ein Netz aus Betreuungseinrichtungen auf. Der Kindergarten hatte für den Staat einen hohen Stellenwert, er galt als vorschulische Erziehungseinrichtung und war dem Ministerium für Volksbildung unterstellt. Doch längst nicht alle Kinder gingen in den Kindergarten. Gerade auf dem Land war die Oma eine wichtige Betreuungsperson.

Schick, schick!

Auch wenn es in den Bekleidungsläden der DDR in den 50er-Jahren wenig modische Kleidung zu kaufen gab, war es selbstverständlich, dass wir Kinder adrett gekleidet waren. Die Mama natürlich auch.

Die langweiligen, zeitaufwendigen Anproben beim Schneider gefielen uns nicht. Umso mehr strahlten wir, wenn wir die neuen Kleidungsstücke, die natürlich nur für den Sonntag gedacht waren, endlich anziehen durften.

Mitunter vollbrachten die fleißigen Schneiderinnen im Familienkreis wahre Wunder und zauberten aus Mutters alten Fetzen ein nagelneues Sonntagskleid mit wunderschönem handgestickten Kragen. Da staunte selbst der kleine Bruder!

Weil das Angebot so schlecht war, boten private Schneider Kinderkleidung nach Maß an. Oft mussten unsere Eltern zunächst den Stoff organisieren, ehe sie für uns ein Sommerkleid, eine neue Hose oder einen Sonntagsanzug in Auftrag geben konnten.

Wir waren stolz, als wir im neuen schicken Sonntagsanzug gemeinsam mit Oma und Opa zum Schützenfest gingen. Seit im August 1952 die Gesellschaft für Sport und Technik (GST) gegründet worden war, war es wieder möglich, einen Schützenkönig, oder wie es in der DDR hieß, einen Bestschützen auszuschießen.

Die Kleidung war vielleicht nicht topmodisch, aber immer ordentlich, besonders am Sonntag und wenn wir in die Schule gingen.

Außer Rand und Band

Halbstarken-Krawalle im Westen waren Anlass für die DDR-Führung, über die US-amerikanische Unkultur des Rock 'n 'Roll den Stab zu brechen. Es hieß, Rock 'n 'Roll sei Gift für die Jugend. Die Musik von Bill Haley oder Elvis Presley wurde im DDR-Radio nicht gespielt.
Auf dem Foto von 1958 steht neben Bill Haley die Sängerin Caterina Valente.

Ein DEFA-Film brachte die neue Musik ins Kino. „Verwirrung der Liebe" war ein echter Straßenfeger. Die junge Angelica Domröse, damals Schauspiel-Studentin an der HFF Babelsberg, und Willi Schrade begeisterten das junge Publikum.

Die erste Ausgabe der Musikzeitschrift „Melodie & Rhythmus" erschien 1957. Als „Fachblatt für Tanz- und Unterhaltungsmusik", so die offizielle Bezeichnung, gehörte sie schnell zu den beliebtesten Illustrierten der DDR. Besonders die jungen Leserinnen und Leser waren begeistert über die neue Illustrierte, die nun alle zwei Wochen an den DDR-Kiosken zu haben war.

Schlager-Stars wie Billy Sanders zierten die Titelblätter des Blattes, von dem es auf Nachfrage immer öfter hieß: „Melodie & Rhythmus? Leider ausverkauft.“ Die Zeitschrift wurde, wie so vieles im DDR-Handel, zur raren Bückware.

Deutschland – „Fußballweltmeister 1954–1958"

Die siegreiche Mannschaft von links nach rechts:

F. Walter - Turek - Eckel - Rahn - O. Walter - Liebrich

Posipal - Schäfer - Kohlmeyer - Mai - Morlock

1954 wurde in der Schweiz die zweite Fußballweltmeisterschaft nach dem Zweiten Weltkrieg ausgetragen. Die deutsche Mannschaft durfte teilnehmen. Überall in Deutschland saßen die Menschen an den Radios und fieberten mit. Der Sieg mit 3:2 Toren sorgte für grenzenlosen Jubel. Die Torschützen Helmuth Rahn und Max Morlock sowie die gesamte Mannschaft um Trainer Sepp Herberger gingen als „Helden von Bern" in die Geschichte ein. Deutschland war Fußballweltmeister! Die Menschen in beiden deutschen Staaten feierten, auch wenn die SED-Führung vor Wut schäumte. Der Titel verhalf den Deutschen zum dringend benötigten neuen Selbstbewusstsein.

Pionier, FDJler und Friedensfahrt

Pioniere gehörten zur Schule wie die große Pause und das Klingelzeichen. Am 13. Dezember, dem alljährlichen Pioniergeburtstag, bekamen alle neuen Schüler das blaue Halstuch überreicht.
Pioniere waren bei ihrer Aufnahme in der Regel sechs oder sieben Jahre alt. Sie waren froh, endlich kein Kindergartenkind mehr zu sein. Das Halstuch wurde sogar bei Tanz- und Schulfesten gern getragen, obwohl der Knoten im Halstuch eine knifflige Sache war.

Die Jugendorganisation Freie Deutsche Jugend war zu Beginn der 50er-Jahre durchaus beliebt und angesehen. Das sollte sich in den nächsten Jahrzehnten ändern. Die staatlich verordnete Jugendweihe spielte als Familienfest zwar eine wichtige Rolle, löste aber, was die verordneten Rituale betraf, eher ein Gähnen beim jungen Publikum aus.

11. Dezember 1957

Die DDR-Regierung lässt ein neues Passgesetz durchwinken, um die Zahl der West-Reisen zu begrenzen. Ab sofort wird Republikflucht kriminalisiert. Im Jahr 1957 verließen ca. 262 000 Menschen die DDR in Richtung Westen. Nun sollte zur Abschreckung jeder mit Gefängnis bis zu drei Jahren bestraft werden, der „ohne erforderliche Genehmigung das Gebiet der DDR verläßt (...) oder durch falsche Angaben eine Genehmigung zum Verlassen der DDR erschleicht".

Pablo Picassos weiße Friedenstaube war das Symbol der Friedensfahrt. Das international besetzte Radrennen für Frieden und Völkerverständigung, das 1948 erstmals ausgetragen wurde, fand zunächst zwischen Warschau und Prag statt. Ab 1952 führte die Rennstrecke auch nach Ost-Berlin, verband von nun an in wechselnder Streckenführung im Mai jedes Jahres die Hauptstädte der drei Teilnehmer-Staaten DDR, Polen und Tschechoslowakei.

Selten genoss eine Friedensfahrt-Mannschaft so großen Ruhm wie das DDR-Team des Jahres 1960. Trotz starker Attacken der belgischen und dänischen Rivalen wurde Erich Hagen (im Bild unten rechts) am Ende Champion in der Gesamteinzelwertung. Er gewann mit seinen Kameraden auch die Mannschaftswertung der XIII. Friedensfahrt. Kein Sport war in diesem Moment in der DDR populärer als der Radsport.

Bunte Pionier-Wimpel und Abzeichen waren begehrte Sammel- und Tausch-Objekte. Aber auch Abziehbilder mit der Friedenstaube, dem Motiv für die Friedensfahrt, waren beliebte Handelsware auf den Schul- und Hinterhöfen unserer Kindheit.

„Täve! Täve! Täve!" Im Jahr 1955 gewann Gustav-Adolf „Täve" Schur zum ersten Mal die Internationale Friedensfahrt. Das Amateurradrennen zwischen Warschau, Berlin und Moskau genoss in der DDR eine so große Popularität wie die Tour de France im Westen.

Viele Jugendliche gingen ihre eigenen Wege fernab der staatlichen Ideologie. Ob sie nun daran arbeiteten, eine eigene Twist-Band zu gründen oder lieber von einer Karriere im Radsport träumten. Für alle gleich wichtig war modische Kleidung, wie diese angesagten Rollkragenpullis.

Das Fernsehen verändert unseren Alltag

Der erste Kinderfilm der DDR in Farbe kam Mitte der 50er-Jahre auf die Leinwand. Die Störenfriede sind, nomen est omen, zwei Schüler in der Vorpubertät, die den Kopf voller Streiche haben. Sie werden von einem Mädchen, einer leidenschaftlichen Pionierin, geläutert und entwickeln sich zu durchaus brauchbaren Mitgliedern der sozialistischen Gesellschaft.

Die TV-Geräte trugen klangvolle Namen wie „Patriot", „Rubens" und „Rembrandt". War die Antenne erst installiert und das Test-Bild eingestellt, konnte neben dem DFF aus Ost-Berlin auch das West-Programm der ARD angesehen werden. Nicht überall, denn ARD wurde vom Volksmund bald mit „Außer Raum Dresden" übersetzt. Bis zum „Tal der Ahnungslosen" reichten die Sendemasten nicht.

29. Mai 1958

Die DDR-Regierung lässt die Lebensmittelkarten abschaffen. Für die bis dahin rationierten Fleisch- und Wurstwaren, für Butter, Fett, Milch und Zucker wird nun ein einheitliches Preisniveau geschaffen. Die neuen Preise liegen teilweise wesentlich unter den bisher üblichen HO-Preisen. Wir freuen uns mit unseren Eltern über den ersten markenfreien Tag in der DDR.

Endlich Einkaufen ohne Marken!

Vor dem Schlafengehen durften die Jüngsten in der DDR ihre erste eigene Fernsehsendung genießen: „Sandmann, lieber Sandmann, es ist noch nicht so weit, wir sehen erst den Abendgruß, ehe jedes Kind ins Bettchen muss, du hast gewiss noch Zeit…“, tönte es aus der Mattscheibe. Es war die beliebteste Kindersendung des Ostens. Kurz vor sieben wartete der Nachwuchs gespannt auf den Sandmann-Auftritt. Kein Wunder, dass der kleine Mann auch als Puppe populär wurde.

Die „Aktuelle Kamera" wurde ab 1952 ausgestrahlt und war bis 1990 die zentrale Nachrichtensendung in der DDR. Anfang der 50er-Jahre freuten sich die Familien, die ihr Erspartes nehmen konnten, um einen Fernsehapparat zu kaufen: Endlich konnten sie Krimis und Unterhaltungssendungen in den eigenen vier Wänden genießen. Die „Glotze" wurde zum beliebtesten Freizeitgestalter.

Um gegen die Übermacht des West-Fernsehens anzukommen, musste sich die DDR etwas einfallen lassen. Die britische Abenteuer-Serie „Die Abenteuer des Robin Hood" wurde lizensiert und lief zu unserer Freude mit Top-Quoten im DFF.

1. Juni 1958

Ohne Krimi geht die Mimi auch im Osten nie ins Bett. Mit dem Start der Kriminalheftreihe „Blaulicht" nimmt die beliebteste und langlebigste Schmöker-Reihe der DDR ihren Lauf. Wer Spannungsliteratur liebte, kam an Blaulicht nicht vorbei. Neben klassischen Autoren wie Robert Louis Stevenson sorgten begabte DDR-Autoren wie Klaus Möckel, Hans Siebe und Tom Wittgen für Nachschub.

Weltraumflug und Mauerbau

Der DDR-Staatsratsvorsitzende Walter Ulbricht sagte am 15. Juni 1961 auf einer Pressekonferenz: „Niemand hat die Absicht, eine Mauer zu errichten!" Alles Lüge, Genosse Ulbricht! Am 13. August wurde unter Zustimmung der Sowjetunion die DDR-Grenze zu West-Berlin geschlossen und die Berliner Mauer errichtet.

Eine Betriebskampfgruppe am Brandenburger Tor während des Mauerbaus.

Im Juli 1961 hatte die Zahl der Flüchtlinge aus der DDR und Ost-Berlin mit 30 415 Menschen den höchsten Stand seit 1953 erreicht. Die DDR beginnt, die Grenze nach Westen zu verstärken.

Anfang der 60er-Jahre war der Weltraum ein spannendes Thema, über das Groß und Klein sprachen. Utopische Filme und Romane waren jetzt überaus beliebt, wurden von uns heiß diskutiert. Gab es eine fremde Zivilisation? Oder waren wir Menschen allein im All? Wer würde als Erster fremde Planeten erobern? Die Russen? Oder die Amerikaner? Zunächst aber waren die Hunde Belka und Strelka dran.

12. April 1961

Der sowjetische Luftwaffenmajor und Kosmonaut Juri Gagarin ist der erste Mensch im Weltraum. In der Raumkapsel „Wostock 1" fliegt er in 108 Minuten einmal um die Erde herum. Während der Erdumlaufbahn hat Gagarin Funkkontakt zum Kontrollzentrum und schildert seine Eindrücke beim Blick durch das Bullauge: „Ich sehe die Erde! Ich sehe die Wolken, es ist bewundernswert, was für eine Schönheit."

Als wir in den naturwissenschaftlichen Fächern unterrichtet wurden, hatte unser Physiklehrer leichtes Spiel mit uns. Die neue Welt der Wissenschaft war faszinierend und hielt sicher bereits in naher Zukunft viele spannende Entdeckungen bereit. Da plagten wir uns gern mit Formeln und Gleichungen ab, so wie unser Vorbild, der sowjetische Kosmonaut Alexei Leonow, der 1965 als erster Mensch frei im All schwebte.

13. August 1961

Die SED-Führung befiehlt den Bau einer Mauer an der deutsch-deutschen Grenze der bis dahin freie Zugang nach West-Berlin ist für DDR-Bürger nunmehr versperrt. Mit dem Mauerbau wird die deutsch-deutsche Teilung zementiert. Was damals noch niemand ahnt: Sie wird erst nach mehr als 28 Jahren mit dem Fall der Mauer am 9. November 1989 enden.

Die Mauer trennte viele Familien, eine davon war auf diesem Foto für kurze Zeit vereint. Da Besuche sehr schwierig waren und unregelmäßig stattfanden, schrieb man sich Briefe, um den Kontakt aufrechtzuerhalten und zu erfahren, wie es den anderen erging.

Schon am 22. August befahl die DDR-Führung die „Anwendung der Waffe" gegen Flüchtlinge. Am 24. August 1961 wurde der 24-jährige Günter Litfin in der Nähe des Bahnhofs Friedrichstraße von Transportpolizisten bei seinem Fluchtversuch erschossen. Er war der erste von 270 Menschen, die in den kommenden 28 Jahren an der Innerdeutschen Grenze und der Berliner Mauer auf grausame Weise sterben sollten.

Mädchen können alles

In der DDR-Nomenklatura spielten Frauen kaum eine Rolle, in den Betrieben und im gesellschaftlichen Leben waren sie allgegenwärtig. Die Ost-Frau war selbstbewusst und emanzipiert. Junge Frauen ließen sich gern in Männerberufen ausbilden – und sie trugen gerne zeitgemäße Minis.

Am 16. Juni 1963 berichtete das DDR-Fernsehen über Walentina Tereschkowa, die erste Frau am Steuer eines Raumschiffs. Mädchen hatten ab sofort einen neuen Traumberuf: Kosmonautin!

Proletarier aller Länder, vereinigt euch!

Freiheit

ORGAN DER BEZIRKSLEITUNG HALLE DER SOZIALISTISCHEN EINHEITSPARTEI DEUTSCHLANDS

Nr. 139 (A) | 18. Jahrgang — Aschersleben, Montag, den 17. Juni 1963 — Preis 0,15 DM

Die erste Frau im Weltraum: Valentina Tereschkowa

Kosmonaut Nr. 6 Valentina Tereschkowa

Kosmische Geschwister im Gruppenflug beieinander

Moskau (ADN). TASS teilt mit: Um 10.30 Uhr MEZ ist in der Sowjetunion am Sonntag als ... sen worden, das zum ersten Mal in der Welt von einer Frau gesteuert wird, der Sowjetbürgerin Kosmonautin Valentina Wladimirowna Tereschkowa.

Auf diesem Flug wird weiter untersucht werden, wie verschiedene Faktoren des Raumfluges auf den menschlichen Organismus wirken. Im besonderen werden vergleichende Analysen der Einwirkung dieser Faktoren auf den Organismus von Mann und Frau vorgenommen und ein neues Pensum medizinisch-biologischer Forschungen sowie die weitere Durcharbeitung und Vervollkommnung der Systeme gesteuerter Raumschiffe bei Gruppenflügen verwirklicht werden.

Gemäß den gestellten Aufgaben erfolgte der Start der „Wostok VI" zu einer Zeit, da sich die am 14. Juni in der Sowjetunion gestartete „Wostok V" auf der Flugbahn befindet.

Nun sind gleichzeitig zwei sowjetische Raumschiffe im kosmischen Raum, „Wostok V" und „Wostok VI", die von den Sowjetbürgern Valeri Fjodorowitsch Bykowski und Valentina Wladimirowna Tereschkowa gesteuert werden.

Nach vorläufigen Angaben kommen den Berechnungen nahe. ... beträgt die Umlaufzeit der „Wostok VI" um die Erde 88,3 Minuten, die Erdnähe 183 km, die Erdferne 233 km. Der Neigungswinkel der Bahnebene zur Aequatorebene beträgt etwa 65 Grad. Mit der „Wostok VI" besteht ständig zweiseitige Funkverbindung.

Kosmonautin Valentina Tereschkowa hat den Einflug des Schiffs in die Umlaufbahn und den Uebergang in den Zustand der Schwerelosigkeit gut überstanden. Sie befindet sich wohlauf.

Kosmonautin Tereschkowa sendet auf den Frequenzen 20,006 und 143,625 Megahertz.

In dem Raumschiff befindet sich eine weitere Sendeanlage „Signal", die auf der Frequenz 19,995 Megahertz ausstrahlt.

Zwischen den Raumschiffen „Wostok V" und „Wostok VI" ist zweiseitige Verbindung aufgenommen worden.

Alle Bordsysteme der „Wostok V" und der „Wostok VI" funktionieren normal.

Funkspruch Nikita Chruschtschows

Kosmonauten an ihre „kosmische Schwester"

Beide fühlen sich vortrefflich

Kosmonautin in Kosmovision

Hermann Matern 70 Jahre

Glückwunsch des ZK der SED

Berlin (ADN). Das Zentralkomitee der Sozialistischen Einheitspartei Deutschlands ...

24. Januar 1962

Nun werden Wehrpflichtige bald auch dazu vergattert, ihren Grundwehrdienst an der Mauer, am sogenannten „antifaschistischen Schutzwall" zu leisten und damit dafür zu sorgen, dass der DDR ihre Bürger nicht weglaufen.

DDR-Grenzer auf Beobachtungsposten.

Frauen, die berufstätig waren, wollten auch schön sein. Kosmetik-Marken wie Florena, Elasan und Joy Schönheitsseife waren beliebte Hilfsmittel. Am Haushaltstag stand nicht nur Bügeln und Waschen auf dem Programm, sondern auch ein Kosmetik- und Friseur-Termin.
Weibliche DDR-Teenager vertrauten auf eine Reihe von kosmetischen Geheimrezepten. Vor dem Tanzabend genügte ein uralter Eye-Liner, der bei Bedarf mit frischer schwarzer Eggü-Schuhcreme nachgefüllt wurde. Als Haarlack reichte oft Zuckerwasser.

Modebewusste junge DDR-Frauen, die etwas auf sich hielten, griffen zur SIBYLLE. Die beliebte Modezeitschrift thematisierte neueste Mode-Trends aus Paris und Moskau, gab Tipps zur Herstellung perfekter Faltenröcke und sparte nicht mit Lob für engagierte Bekleidungshersteller wie den VEB Bekleidungswerk Zwickau.

Der Sternenflug der ersten Frau im Weltraum passte perfekt zur Frauenoffensive: „Die Förderung der Frau, besonders in der beruflichen Qualifizierung, ist eine gesellschaftliche und staatliche Aufgabe“, so stand es in der DDR-Verfassung.

Die Liebesabenteuer von elf an die Ostsee trampenden Oberschülerinnen aus Leipzig und zehn gleichaltrigen Oberschülern aus Karl-Marx-Stadt thematisierte der DEFA-Film „Heisser Sommer“. Mit den Schlagerstars Chris Doerk und Frank Schöbel exzellent besetzt, wurde der Streifen zum Kult-Film.

Beat und Ärger mit Herrn Ulbricht

John, Paul, George und Ringo kamen aus dem englischen Liverpool. Es war nicht nur ihre Musik, die uns überzeugte. Ihr Haarschnitt war neu, anstößig und ihre ganze Erscheinung erfrischend anders. Nicht lang und die Jugendlichen der DDR wollten genau diesen Haarschnitt tragen. Das abgeliebte Foto stammt aus dieser Zeit.

Als „Yeah! Yeah! Yeah!“ aus dem Lautsprecher tönte, waren die Jugendlichen in der DDR verzaubert vom aufregenden Klang der Musik. Wer steckte hinter diesem Phänomen, das aus dem Nichts zu kommen schien und unsere Herzen im Sturm eroberte?

Auch wenn die meisten Erwachsenen über diese neumodische Musik nur den Kopf schüttelten, uns ließen Beat-, Soul- und Rock-Rhythmen von nun an nicht mehr los. Unsere Haare wurden immer länger und bei der Kleidung setzten wir auf knallbunte Hemden und Schlaghosen. Aber am wichtigsten war natürlich die entsprechende Haartracht. Ein Haarschnitt im Mod-Stil, so wie die Beatles ihn trugen, war angesagt.

Am 25. September 1965 wurde in einem Studio des Radio Bremen Geschichte geschrieben. Der Ansager Wilhelm Wieben verkündete: „Guten Tag, liebe Beat-Freunde! Nun ist es endlich so weit, in wenigen Sekunden beginnt die erste Show im Deutschen Fernsehen, die nur für euch gemacht ist ...!“ Bereits der erste Beat-Club begeisterte Jugendliche im Westen und Osten. Von nun an war der Beat Club fest im Terminkalender eingeplant.

Als die DDR-Jugendzeitschrift TECHNIKUS die Beatles auf ihrem Titel abdruckte, war die Ausgabe bald ausverkauft. Beat-Gruppen schossen nun wie Pilze aus dem Boden „She loves you“ und andere Beatles-Songs gehörten schnell zum Repertoire jeder Tanzveranstaltung. Sogar Amiga veröffentlichte nun Beatles-Platten. Wieder einmal Bückware!

Einzelheiten über unsere neuen Beat-Helden zu erfahren, war oft schwierig. Mitunter mussten wir unsere Schuhsohlen arg strapazieren, um zu erfahren, was der neueste Beatles-Song genau bedeutet.

22. November 1963

Der US-amerikanische Präsident John F. Kennedy wird in Dallas, Texas, ermordet. Die Menschen überall auf der Welt sind erschüttert. Besonders das amerikanische Volk steht unter Schock und stürzt in eine tiefe Depression. Der Kennedy-Mord wird nie wirklich umfassend aufgeklärt, es überwiegt jedoch die Alleintätertheorie. Gleichwohl gibt es 50 Jahre nach dem Attentat eine Liste von 214 Verdächtigen.

Gut, in den meisten Bands spielten nur Jungs, aber auch die Mädchen hörten Beat und liebten Sänger wie Bernd Spier, Graham Bonney und Drafi Deutscher. Besonders Drafi Deutscher begeisterte mit deutschsprachigen Beat-Hits wie „Heute male ich dein Bild, Cindy Lou“ und „Marmor, Stein und Eisen bricht“ das junge tanzfreudige Publikum. Amateurbands wie diese hier brachten die West-Hits auf ostdeutsche Tanzsäle und hatten viel Spaß dabei.

Um die Beat-Musik öfter hören zu können, sparten viele für ein eigenes Kofferradio. Das war nicht billig, bot aber den Vorteil, fast täglich die Hits erleben zu können. Es passierte viel im Radio. Nach dem Siegeszug der Beatles kamen zahlreiche britische Bands in die deutschen Charts: Casey Jones, The Renegades, Manfred Mann, The Who, The Kinks und die Small Faces. Wir liebten sie alle.

Die Älteren lästerten, machten oft Witze über Beatles-Hits, wie in dieser Karikatur im EULENSPIEGEL. Walter Ulbricht und das ZK der SED verstanden ab 1965 keinen Spaß mehr: „Ich bin der Meinung, mit der Monotonie des Yeah, Yeah, Yeah und wie das alles heißt, sollte man doch Schluß machen …“ Beat wurde verboten, in den Untergrund gedrängt. Was Ulbricht nicht bedachte: Verbote sind für Jugendliche besonders reizvoll.

Liebeskummer lohnt sich nicht

Gegen Amors Pfeile war niemand gefeit. Große Liebe bedeutete für viele Jugendliche aber auch der erste Liebeskummer und viele Tränen. Zum Glück gab es Schlager, die Trost spendeten. Einer der bekanntesten brachte es auf den Punkt: „Liebeskummer lohnt sich nicht!"

Dieses erste Liebesglück fand in den Sommerferien an der Ostsee statt. Wo konnte man sich auch ungestörter näherkommen, als an den wunderbaren Stränden zwischen Warnemünde, Rügen und Usedom? Aber jeder Sommer war einmal vorbei. Dann hieß es oft, Briefe schreiben und Geduld bewahren.

17. Mai 1964

The Animals spielen in London den Welthit „House Of The Rising Sun" ein. Manfred Krug sorgt mit der deutschen Fassung unter dem Titel „Es steht ein Haus in New Orleans" für Begeisterung beim ostdeutschen Publikum. Krugs Gesang klingt mindestens genau so gut wie der von Eric Burdon. Für die Musik ist das Franke Echo Quintett verantwortlich, eine der besten DDR-Beatbands.

Es steht ein Haus in New Orleans
Ich weiß ein Mädchen

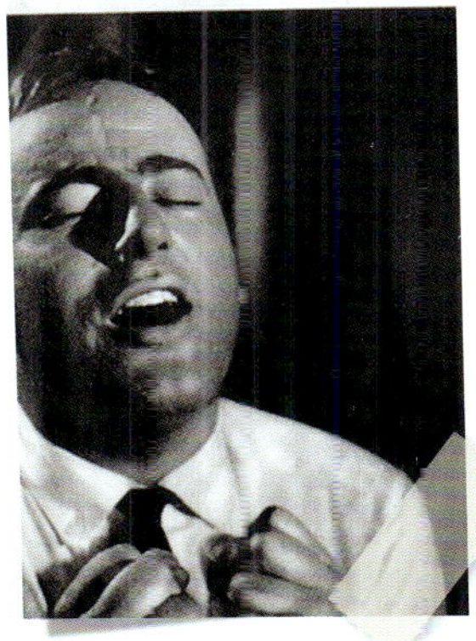

19. Januar 1965

Die Staaten des Warschauer Pakts schlagen der NATO einen Nichtangriffspakt vor. Das ist der Beginn der Entspannungspolitik in Europa. Bereits die Kuba-Krise im Jahr 1962 hatte das internationale Bewusstsein für die Notwendigkeit einer umfassenden Entspannungspolitik zwischen Ost und West geschärft. Nun wird eine neue Ära in den internationalen Beziehungen eingeleitet.

Der Unterrichtstag in der Produktion (UTP) war für viele Jungen und Mädchen eine gute Gelegenheit, sich nach einem geeigneten Ausbildungsplatz umzuschauen oder zumindest praktische Fähigkeiten und Fertigkeiten auszuprobieren und zu verbessern. Präzisionsarbeiten, wie hier an der Bohrmaschine, stärkten das Selbstbewusstsein.

Auf dem Weg zum Erwachsenwerden waren diese Schülerinnen und Schüler einer zehnten Klasse. Die Naturwissenschaften fielen uns leichter als das Erlernen der ersten Fremdsprache. Russisch blieb vielen von uns, trotz der endlosen Unterrichtsstunden, ein Buch mit sieben Siegeln.

Nicht nur im Biologie-Unterricht war Aufklärung ein heißes Thema. Das Standardwerk „Du und Ich“ stand bei vielen Eltern im Bücherschrank und galt unter uns bald als begehrter Tipp. Die Autoren nahmen kein Blatt vor den Mund, schrieben über Liebe, Sexualität und Verhütung klar, frei und verständlich. Unsere Lehrer hatten oft größere Schwierigkeiten bei der Stoff-Vermittlung, bekamen mitunter rote Ohren. Nur wenige unserer Eltern fanden den Mut, offen mit uns über Sex zu sprechen.

Lebendige Modkultur gab es nicht nur in London und Umgebung. Was für englische Kids die Lambretta oder Vespa, war für DDR-Jugendliche Spatz, Java oder Schwalbe. Die Begeisterung für einen fahrbahren Untersatz konnte auch hohe Preise und lange Wartezeiten für Mopeds und Motorroller kaum trüben.

Langer Weg zum Auto, kurzer Weg zum Strand

Bei der Verteilung der Urlaubsplätze durch die Betriebsgewerkschaftsleitung konnten neben Glück die berühmten Beziehungen eine Rolle spielen. Hatte man beides, stieg die Wahrscheinlichkeit, einen FDGB-Urlaub am Schweriner See zu verbringen, wie auf diesem Bild.

3. Mai 1967

Nachdem im Jahr 1946 noch 48 Stunden an sechs Wochentagen gearbeitet werden musste, konnte die Arbeitszeit im Jahr 1957 auf 45 Stunden abgesenkt werden. Seit 1966 gilt die 5-Tage-Woche vorerst für jede zweite Woche. Mit dem Ministerratsbeschluss vom Mai 1967 gilt die 5-Tage-Woche ab Sommer 1967 nun endgültig. Als Ausgleich werden mehrere christliche Feiertage wie Christi Himmelfahrt, Buß- und Bettag und der Reformationstag abgeschafft.

Als beliebtestes Urlaubsland galt Ungarn. Voll gepackt bis unters Dach zogen jeden Sommer ganze Trabant-Karawanen gen Balaton, um Sonne, Paprika-Gulasch und ausgewählte Westwaren zu genießen.
Wir machten uns gern mit Rucksack auf den Weg ins Ungewisse. Tramptouren nach Ungarn, Rumänien oder Bulgarien waren das definitive Abenteuer, solange einem die Mauer in Richtung Westen den Weg verstellte.

Was für Westdeutsche die italienische Riviera, war für DDR-Urlauber das Schwarze Meer. Wer privat auf die Krim, nach Rumänien oder Bulgarien reisen wollte, brauchte Geld, Geduld und einen guten Leumund, um das begehrte Visum zu ergattern.

Wenn die DDR-Partei- und Staatsführung den gewerkschaftlich organisierten Familienurlaub auch regelmäßig als Errungenschaft feierte, die angebotenen Ferienplätze reichten nie aus. Unschlagbar waren allerdings die Preise: So kostete beispielsweise ein Sieben-Tage-Urlaub im Harz nur 17,50 Mark pro Person.

Die Ostseeküste war immer angesagt, dicht gefolgt von den Urlaubszielen Erzgebirge, Harz und Thüringer Wald.

7. Oktober 1969

Um die Überlegenheit der sozialistischen Gesellschaft gegenüber dem Klassenfeind im Westen zu demonstrieren, war ein hoher Aufwand bei der Entwicklung des Color 20-Gerätes betrieben worden. Es war zum Zeitpunkt der Einführung zwar nicht, wie beabsichtigt, der erste volltransistorisierte Farbfernseher Europas, da die Briten mit dem HMV BRC 2000-Chassis schneller waren. Aber der Color 20 war der erste volltransistorisierte SECAM-Farbfernseher. Auch nicht schlecht!

Heute denken wir gern an unsere Jugendzeit zurück. Schön war die Zeit, trotz aller Verbote und Beschränkungen. Oder gerade deswegen? Denn was gibt es Schöneres, als sich über staatliche Willkür hinwegzusetzen?

In der DDR hatte man viele Jahre Zeit, Geld für ein eigenes Auto anzusparen. Stand es dann vor der Tür, wurde das Auto zum Dreh- und Angelpunkt der Freizeitgestaltung. An den Wochenenden fuhr die DDR-Familie mit Auto gern ins Grüne. Ein Anlass, mit dem eigenen Trabbi oder Wartburg durch die Gegend zu fahren, fand sich eigentlich immer.

Wenn Kinder und Enkelkinder heute durch Zufall oder mit Absicht in alten Fotoalben fündig werden, kommt es oft zu Fragen, wie das damals so war, in der alten DDR? Spätestens dann sollten wir uns etwas Zeit für ein Gespräch mit den Nachgeborenen nehmen. Das lohnt sich für Alt und Jung!

1. Juli 1970

In der DDR hergestellte Export-Produkte tragen ab sofort nicht mehr das Label „Made in Germany" sondern „Made in GDR". Der Verzicht auf das bis dahin gesamtdeutsche Gütesiegel kommt nicht bei allen VEB-Direktoren gut an. Exportprodukte mit einem eigenen Siegel zu differenzieren, senkt hier und da die Export-Quote. Aber die DDR bleibt trotz Schwierigkeiten bis zu ihrem Ende dem Ruf als Exportweltmeister treu.

MADE IN GDR